AF252548

LETTRE

AU ROI

SUR LA REPRÉSENTATION NATIONALE.

IMPRIMERIE DE J. MORONVAL.

A PARIS,

CHEZ NOZERAN, LIBRAIRE, RUE DU BAC, N°. 40.

M. DCCC. XIV.

Sire,

Au moment où la France, accablée de malheurs, aperçoit la fin de ses souffrances dans les vertus paternelles de son Souverain légitime ; au moment où elle signale son retour par l'expression d'une joie véritable, souffrez, Sire, qu'un Français s'inquiète de son avenir et calcule les divers intérêts de son nouveau Gouvernement. Après l'expérience d'une liberté outrée, d'une république sans probité et d'une tyrannie sans exemple, la France veut une liberté légale, un Gouvernement probe, une puissance souveraine capable de se faire respecter; en un mot l'exemple de l'Angleterre dont vous avez étudié les lois, rattache à elles l'opinion presqu'unanime des Français. C'est par un Gouvernement représentatif qu'ils veulent être gouvernés; Votre Majesté le veut; nos malheurs nous le demandent, l'état de nos finances l'exige. C'est à vous, Sire, et à votre peuple à combiner, sur une base déjà convenue, les modifications que les lois anglaises doivent recevoir sur un sol étranger. — Il est nécessaire sans doute d'examiner l'instant présent; il est sage de prendre en considération des brigues et des prétentions éphémères : mais ces déviations de l'ordre réel ne doivent pas entraver la marche d'une constitution immuable. V. M. doit se diriger avec fermeté vers son véritable but, qui est d'assurer sa puissance en l'étayant sur des lois libérales... Dix ans d'exil dans un pays libre a mis V. M. à même de bien connaître les ressources de la royauté, et à ne plus craindre que quelques concessions apparentes lui dérobent sa désirable puissance. Le Français, égaré par vingt ans de faux raisonnemens ou de mensonges, n'a cependant point perdu sa sagacité première, et il saura encore discerner ceux qui servent leur pays de ceux qui convoitent des dépouilles. — Marchez donc, Sire, avec hardiesse et justice; faites-vous un devoir de notre bonheur, mais n'abandonnez rien des justes droits de votre puissance, car d'elle aussi dépend notre prospérité.

Plus on approfondit les maux de la France, plus on sent pour elle le besoin d'un long repos sous une administration paternelle. — Elle a payé bien cher une gloire infertile : un être imprévoyant, encore plus que cruel, a détruit jusqu'à ses ressources. Hommes, trésors, récoltes, bestiaux, tout a disparu d'une terre jadis heureuse sous vos ancêtres. Nos plus belles provinces, loin de produire, ne peuvent que demander au reste de la France; cinq cents mille étrangers nos ennemis, nos alliés, nos bienfaiteurs généreux, accroissent cependant notre détresse, et l'honorable reste de nos millions de soldats réclame le prix de leurs blessures et la reconnaissance que l'on doit même à un aveugle dévoûment. — Voyez votre force, Sire : quel est le pouvoir illégitime assez audacieux pour prétendre à s'élever sur de semblables débris, pour espérer les réunir et en former une puissance passible? son existence serait d'un jour. Vous seul pouvez notre bonheur; vous seul êtes notre unique réfuge. — Ce n'est point seulement à l'amour de vos sujets, c'est à la nécessité que vous devez une partie de vos droits, et toute faction criminelle périrait inévitablement sous cette puissance impérieuse. — De loin vous avez pu croire, Sire, que les factions vous appelaient : de près vous verrez la France chercher un appui, et ne le trouver qu'en vous. C'est donc à vous, Sire, à voir au loin, à mesurer l'avenir et à fonder d'une manière inamovible les lois bienfaisantes que vous apportez d'un pays heureux par sa civilisation.

L'esprit de la constitution anglaise n'est point, Sire, d'avoir une représentation nationale parfaitement pure. Le temps a introduit beaucoup d'abus dans sa répartition, et cependant le temps n'a fait que consolider cet édifice respectable. — C'est que le vice des élections n'a fait qu'appuyer le grand principe de la propriété représentée par des propriétaires incorruptibles qui, bien que sujets en détail à quelques-unes des faiblesses humaines, sont toujours réunis en masse et prêts à résister aux attaques directes que tenterait la puissance royale, ou sur la fortune publique, ou sur la liberté légale. — Ce ne sont point deux chambres ni deux corps absolument incorruptibles qui forment le mystère de la constitution anglaise; ce sont deux chambres corruptibles, jusqu'à un certain point seulement, et c'est tout ce que l'on peut attendre de l'humanité. — En France, jusqu'ici, nous avons compris différemment la représentation nationale. L'orgueil personnel a suggéré qu'un homme de talent, qu'un homme de savoir devait le mieux représenter ses semblables, devait mieux connaître leur intérêt et leurs opinions. — On a réuni des gens d'une capacité tout à fait incontestable, mais qui n'ayant pas entre eux ce nœud de la propriété, cet aimant,

qui seul rapproche les corps populaires , ont
perdu en divagation les facultés dont la nature les
avait favorisés. La corruption est extrême en Angleterre : les élections se paient presque publi-
quement : mais ceux qui dépensent des sommes
énormes pour cette vanité , qui se sacrifient à
l'honneur de représenter leur comté , peut-on
les soupçonner d'agir par une impulsion toute
vénale ? De pareilles libéralités, au contraire, ne
désignent-elles pas un fond réel de patriotisme
et de désintéressement? et ceux qui paient si cher
leurs élections, ne pouvant être que les propriétaires les plus opulens, il se trouve que ce sont
les plus riches particuliers de l'Angleterre qui re-
présentent la propriété nationale , et la vénalité
des élections tourne encore par là à l'avantage de
la chose publique. — On croit en France qu'un
Gouvernement, pourvu qu'il soit représentatif,
doit produire immanquablement une liberté
publique. Cependant la tyrannie sans exemple
dont l'Europe vient de nous délivrer, n'a pu
trouver sa force que dans le pouvoir qui devait
la contenir. Sans la condescendance du premier
corps de l'Etat, Buonaparte aurait-il habitué la
France à transformer périodiquement ses fils en
soldats, à les voir annuellement périr de faim, de
fatigue et de misère aux quatre coins de l'Europe
qu'ils allaient ravager? — Mais la guerre était po-

litique; elle était juste, elle était nécessaire, et la France obéissait en silence aux lois de ses légitimes représentans. Le Corps législatif, éclairé sur la nécessité de nos nouvelles invasions, ne pouvait refuser les subsides qui devaient assurer notre gloire. Aussi aucun subside n'a été refusé, et les biens-fonds même des communes ont passé dans les revenus de l'Etat comme un sacrifice simple, et comme si le conseil eût fait à la patrie un hommage de ses honoraires. On a vu même des membres de ce corps respectable émettre ostensiblement le vœu de leur patriotisme et laisser tomber visiblement dans l'urne de scrutin la boule toujours blanche, gage de leur respectueux dévoûment au souverain dispensateur des grâces.

Une représentation illusoire n'est qu'un accroissement de pouvoir donné à l'autorité. Des gens de peu de fortune briguent une place qui augmente leur revenu; un autre y voit une issue au talent qu'il se suppose. On y voit l'avancement des siens, l'espoir d'une croix insignifiante. On revient dans sa province prendre le ton sur son voisin; mais l'intérêt public n'anime point la corporation. Cela peut exister, mais la chose est peu probable. Mais qu'un corps représentatif se trouve composé de capitalistes, de propriétaires-fonciers, de négocians et de riches fabricans, il en résultera un mélange d'intérêts dont la combinaison formera nécessairement un esprit public. — Les discussions seront moins brillantes, mais plus solides, et les considérations particulières y céderont toujours à la sécurité générale. L'éclat du pouvoir éblouira moins des yeux calculateurs, et les moyens de vénalité n'auront plus qu'une influence secondaire. — Si un monarque voulait se jouer des hommes, les asservir à son gré, disposer selon son plaisir de la vie ou de la fortune de ses sujets, une fausse représentation nationale serait sans doute le plus ferme soutien de ses passions : tant qu'il aurait de l'argent à répandre, ou tant qu'il se ferait craindre, les ressources de l'Etat seraient à sa disposition ; ses fantaisies seraient des lois réelles, et les maux de la France s'appelleraient encore de la gloire. Mais si l'aliment de ce faux amour n'était plus répandu avec profusion ; si les places et les honneurs n'achetaient plus l'encens que l'on prodigue au Souverain ; si la vigueur de son règne s'énervait sous l'âge ou les infirmités, l'on verrait encore ces esprits si lâches devenir des factieux superbes, et vendre encore, s'ils le pouvaient, à son successeur et ses dépouilles et leur honneur. Mais si, au contraire, et je n'ai nul doute à ce sujet, V. M. veut établir en France, à perpétuité, des lois libérales et invariables, si elle veut laisser à ses successeurs un trône paisible et des peuples sans factions sous un Gouvernement représentatif, il est nécessaire que la base en soit pure , que la représentation nationale y donne l'exemple des bonnes mœurs et de la probité, qui, considérée comme moyen indispensable, y devienne l'unique point d'appui de toute ambition.

Sous un gouvernement despotique la probité personnelle du Souverain se répand sur toutes les classes par la crainte, l'imitation ou l'obéissance ; mais dans les gouvernemens demi-populaires, la foi publique dérive en majeure partie de la représentation nationale. C'est donc chez elle sur-tout que l'on doit exiger des vertus , afin qu'elles se propagent par l'exemple de cette portion choisie de la nation. — Mais comment reconnaître ces vertus qui devraient réunir tous les suffrages ? Le peuple est-il en état de distinguer les hommes de leurs discours ? Sous l'apparence du désintéressement et de la popularité , soupçonnera-t-il une intention vénale ou le désir de la domination ? Si toutes les classes de l'Etat sont aptes à concourir à représenter, c'est préparer à l'intrigue toutes les voies qui mènent aux factions et aux bouleversemens d'un Etat ; mais, dira-t-on, un homme d'un talent supérieur doit-il être écarté du droit de représenter son semblable ? Non, sans doute, mais qu'il s'enrichisse, et qu'il

offre par ses propres biens une garantie à la confiance publique.

Aucun homme ne doit se sentir humilié de ne
point posséder une condition pécuniaire qu'il
peut acquérir plus tard. — D'ailleurs à qui con-
fierait-on le soin de sa propre fortune ? Sera-ce
à un orateur sans biens, ou à un homme qui sans
éclat a acquis, par de la raison et des spéculations
profitables, des biens qui, dans sa main, vont
devenir votre recours et sa solidarité ? Le choix
sans doute ne pourra être douteux. — En fait de
représentation nationale, avoir acquis ou avoir
conservé une fortune considérable est non-seulement la preuve d'un talent présumable, elle est
aussi la meilleure donnée que le peuple puisse
avoir de la probité de ses représentans. Moins de
latitude à la corruption, plus d'éducation, de
principes, plus d'égards envers soi-même, enfin
plus d'intérêt direct à la prospérité de l'Etat : voilà
les avantages incontestables de la propriété dans
la formation des corps délibérans ; et si le doute
en pouvait exister, que l'on conçoive deux élections composées l'une de gens transcendans,
mais sans biens et sans illustration, et l'autre
choisie parmi des hommes peu capables, mais
riches et de familles honorées, incontestablement
ce serait vers la seconde que la confiance publique
se dirigerait, parce que la masse d'opinion qu'é-

mettent des hommes guidés par un intérêt commun, ne peut manquer d'être formée par un sens droit et dans l'esprit de la communauté. Une objection ordinaire que l'on oppose en France à l'établissement d'un gouvernement représentatif, est le mal qu'ont fait les assemblées délibérantes en France; mais c'est là sur-tout que l'on a reconnu la faute énorme de salarier des hommes sans biens, pour leur ouvrir le chemin de toutes les factions. Est-il dans l'humanité de se voir, avec de la facilité et de la puissance d'esprit, aux premières marches de la réputation et de la fortune, sans être entraîné par le désir de s'élever ou par la crainte plus vive encore de retomber dans sa poussière première après avoir jeté quelqu'éclat ! N'est-ce pas tenter l'esprit humain que d'exiger un entier dévoûment à la patrie d'un être que l'ordre public est prêt à faire rentrer dans un oubli total ? — Quelques esprits forts et excellens résistent sans doute, par de généreux sentimens, aux motifs qui pourraient les égarer; mais la probité la plus certaine et la seule sur laquelle on peut se reposer en fait de gouvernement, est celle qui s'accorde avec l'intérêt personnel; et comme le propriétaire est essentiellement intéressé à l'ordre, à la tranquillité publique et à la prospérité de l'Etat, c'est en lui seul que l'on doit avec confiance rechercher de la prudence et de la fidélité. — Les lois anglaises exigent des représentans de la nation un revenu de cinq cents livres sterlings. Ce taux n'est plus en proportion avec les fortunes particulières ; mais les abus des élections ont paré à cet inconvénient, les membres élus ne pouvant être, en majeure partie, que des hommes d'une grande opulence. — Il faut même dire que les lois n'ont pas la volonté précise d'exiger une solvabilité ; elles semblent n'exiger un revenu que pour s'assurer que la dignité de membre du parlement puisse être noblement soutenue ; mais il n'en est pas moins réel que c'est à la richesse de la chambre des communes d'Angleterre que l'on doit l'esprit d'ordre, de modération et de patriotisme judicieux qui l'anime depuis tant d'années, et qui a porté si haut la gloire de la Grande-Bretagne. C'est sur des faits qu'il faut s'appuyer, c'est de l'expérience qu'il faut partir en fait de gouvernement, et non de la théorie qui a amené tous les malheurs au milieu desquels nous avons vécu. Maintenant il faut calculer si la nature des choses permet à V. M. toutes les réformes que la raison et son expérience pourraient lui dicter. — Assez d'autres personnes ont examiné l'attitude du Sénat, qui, telle chose que l'on fasse, sera toujours suffisamment dans la main du ministère ; soit parce qu'il ne possède pas exclusivement la confiance publique, soit parce que

sa composition va dépendre de la faveur de V. M.
Elle y placera d'anciens serviteurs inamovibles
de sa famille, de braves militaires qui n'ont
rien de mieux à faire que d'étayer l'autorité
royale ; elle formera le reste du Sénat d'hommes
dont vingt ans de probité et de désintéressement
sont les garans irrécusables, et qui seconderont
sans esprit de parti les vues bienfaisantes de V. M.
dont ils seront les créatures. Une fois régénéré,
nulle inquiétude de la part d'un corps qui, dans
un instant d'oubli, s'est cru le Sénat romain.

Mais moins le Sénat de France aura d'influence,
plus V. M. doit apporter de soins à la formation
du second corps de l'Etat, qui sera le premier par sa
prépondérance et son utilité. — Il est d'une
haute importance qu'au commencement d'une
législation nouvelle, cette législation se trouve
investie de l'estime publique, et que la France
encore inquiète d'une espèce de gouvernement
dont elle a fait une si fausse épreuve, apprenne
enfin à connaître l'essence d'une liberté dont elle
n'a éprouvé que les excès. Si le Corps législatif
est composé d'hommes entièrement dévoués au
ministère, le peuple ne s'habituera pas peu
à peu à entendre discuter sainement et froidement
ses intérêts. — Si au contraire, dans ces commen-
cemens, quelques individus s'opposent avec trop
de chaleur aux vœux ministériels, les Français

croiront revenir à tces emps de douleur qui ont pensé ravir à la France ses légitimes souverains. Mais, Sire, V. M. qui a connu par une trop longue expérience des institutions anglaises, combien une nation acquiert de grandeur par l'extension de sa pensée, saura contenir ou favoriser à propos les élans d'un zèle indiscret ou le désir modéré du bien-être de l'Etat.

Quoique la France ne soit plus novice en fait de gouvernement représentatif, elle l'est cependant en fait de bonheur, et bien des individus n'ont pas senti la force d'une institution dont l'établissement a si mal répondu à ce qu'elle semble promettre de félicité. — Tout entiers aux souvenirs de votre illustre famille, ils ont cru voir dans le pouvoir arbitraire, dont elle a joui avec tant de modération, la cause du bonheur de plusieurs règnes, et l'expérience funeste d'un nouvel établissement de gouvernement leur fait encore redouter un essai semblable. Mais les raisons qui devaient faire appréhender l'adoption de nouveaux principes, rendent impossible le retour aux anciennes idées. L'organisation de l'ordre social était dangereux à détruire ; il faudrait aujourd'hui le recomposer d'élémens divisés, et dont la plupart ont changé de nature. Les hommes qui formaient l'opposition à l'autorité royale étaient riches ; par conséquent ils n'étaient point factieux par leur nature, mais ils l'étaient par esprit de corporation.

Flattés d'être regardés par le peuple comme son soutien et comme unique répression du pouvoir arbitraire, ils élevaient contre l'autorité royale une fausse puissance, une puissance discutée dans ses attributions, mais qui devenait réelle par la direction qu'elle donnait à l'esprit public. — Du moment où les parlemens refusaient l'enregistrement d'un impôt, sans droit réel pour le faire, ils se voyaient les amis du peuple et les soutiens de la patrie, tandis que les clameurs publiques s'élevaient contre la personne du Roi, qui semblait être lui seul l'objet du prélèvement des impôts. Les besoins de l'Etat n'entraient pour rien dans les calculs populaires. Les armées du Roi semblaient étrangères au service de la patrie, et les parlemens, fort supérieurs à ces idées, ne se servaient pas moins de cette disposition des esprits pour se former une puissance d'opposition fort redoutable à la marche d'un Gouvernement monarchique : d'ailleurs la royauté se trouvait sans force dans l'opinion, lorsqu'une fois le rejet d'un impôt l'avait déclaré odieux et vexatoire. — Il fallait alors développer un appareil tout à fait arbitraire, et qui se refusait entièrement à la douceur paternelle de nos Souverains. — Ils ne pouvaient plus en appeler à

là justice populaire de la fantaisie ou des ca-
prices d'une corporation permanente, fière de
son antique illustration et du succès de ses usur-
pations persévérantes. L'autorité royale était
beaucoup plus restreinte, par le fait de l'opinion,
lorsqu'elle ne trouvait d'opposition que dans un
corps sans pouvoirs constitutionnels, il est vrai;
mais corps unique, corps permanent et seul mé-
diateur entre le peuple et l'autorité royale, qui
semblait ne plus agir que comme pouvoir despotique et comme seul intéressé à la prospérité
de l'Etat.

Dans l'organisation d'une constitution mixte,
le pouvoir royal, bien entendu, a une attribution
bien plus précise et une puissance réelle bien
moins douteuse. Si les demandes du Roi semblent
utiles au pays, si les traités sont enfreints, si la
fierté nationale est offensée, si les besoins de la
patrie réclament des sacrifices, toutes les classes
de l'Etat s'animent par l'élan de leurs représentans, qui ne sont point les agens du pouvoir;
l'armée n'est plus une propriété particulière, les
vaisseaux sont à tous, la fierté de la nation s'émeut
de la moindre offense, et ses ressources sont ou-
vertes au Souverain, qui n'agit plus pour lui seul,
mais pour l'intérêt, la gloire et la prospérité de
ses peuples. Les taxes ne lui sont plus personnellement attribuées, et l'on ne refuse plus au

Roi ce que l'on donne à son bien-être et à sa sé-curité. — N'est-ce pas un grand soulagement pour le Souverain, que le privilége de ne plus entendre maudire ses droits, que de ne plus se voir personnellement en butte à la malveillance d'ennemis secrets ou à l'ignorance de peuples qui se croient opprimés ?

Il est vrai que l'opposition est plus entière, plus invincible dans un Gouvernement représentatif ; mais quel est l'avantage réel qu'un Roi retire du pouvoir, d'agir en contradiction avec l'intérêt de ses peuples ? Est-ce abandonner un droit positif que de s'interdire la puissance d'agir au détriment de ses sujets ? — D'ailleurs, si les représentans de la nation s'égarent dans leurs calculs, si l'opposition qu'ils manifestent aux désirs du Monarque ne provient que d'un esprit de faction ou de la fausse fierté d'une corporation jalouse de ses droits, le bien-être de l'Etat n'en est que faiblement compromis, parce que l'intérêt public, toujours mieux connu dans les Gouvernemens libres, se discute dans les diverses classes, justifie l'autorité ministérielle, et accuse bientôt la repré-sentation nationale elle-même du mal que le peuple ressent de son erreur.

Les ministres eux-mêmes, beaucoup plus puis-sans en apparence dans les monarchies arbi-traires, ont dans les gouvernemens mixtes une existence plus satisfaisante dans ses résultats. Ils ont du moins dans ceux-ci la liberté de se justi-fier. — Un ministre favori du Souverain, tombe en un jour avec sa faveur; sa probité n'est plus un refuge pour lui; il est irrévocablement la cause des maux du peuple et des calamités publiques : sa présence, désormais redoutable à ses succes-seurs, rend son exil nécessaire à leur sécurité, sans qu'il ait à recueillir des vertus personnelles, qu'il a peut-être possédées, ni le moindre souve-nir, ni la moindre reconnaissance de la part de ses concitoyens, également indifférens sur la main nouvelle qui va disposer de leur existence. — Mais le ministre assujetti envers l'État à une jus-tification régulière de sa conduite, peut tomber dans la disgrace de son Souverain, il peut perdre ses places et ses grandeurs; mais l'estime publique lui reste dans sa décroissance, et il conserve, du moins parmi ses concitoyens, une réputation faite et le renom d'un homme de bien. — Ainsi, dans un Gouvernement judicieusement libre, toutes les classes de la société, depuis le Monarque jusqu'à l'homme qui paie le plus faible impôt, ont une part fixe et déterminée au Gouvernement. Le Monarque représente la Nation; il a le choix des ministres, et les change à son gré; il a le droit de faire la guerre, celui de faire grâce, etc., etc. —Le ministre n'est plus un second souverain, mais il est l'homme de confiance du Monarque ; il régit sous sa tutelle les biens de la patrie , et il lui doit de son administration un compte public qui fait la base de sa bonne renommée. — Le représentant du peuple examine la conduite du ministre , l'absout ou le condamne, et n'est point responsable de sa propre opinion , suffisamment garantie par la voix publique et les intérêts de sa propriété. Enfin , la classe du peuple juge par l'opinion tout ce qui lui est supérieur ; elle sait apprécier les vertus du Monarque et du ministre , envers lesquels elle n'a rien à reprendre que par l'organe de ses représentans ; mais elle juge plus immédiatement ceux-ci, et n'accorde plus, à l'avenir, ses suffrages à ceux qui lui semblent avoir mal justifié sa confiance. — Dans cet ordre de choses, chaque classe de citoyens peut se respecter , parce qu'elle participe plus ou moins de la souveraineté , et les réels gouvernans peuvent acquérir personnellement une estime publique qui n'est plus l'effet d'un caprice vulgaire, et qui, par là, rend leur condition véritablement digne d'envie. — Mais non-seulement, Sire , il faut établir les bases de ce gouvernement , il faut encore apprendre au peuple à en sentir l'importance , à en respecter l'esprit, et à ne plus abuser de ses bienfaits. Le temps , et une succession d'années d'un règne prudent et éclairé, pouvent seuls opérer l'heureuse métamorphose d'un peuple étranger à ses propres intérêts, en un peuple éclairé sur ses droits. Un passage trop rapide aura des conséquences toujours fâcheuses à la tranquillité des Etats. Nous en avons fait la funeste expérience ! Des crises terribles ont adouci les opinions ; profitez-en, Sire ; qu'une succession de Monarques éclairés par leurs malheurs sur la marche d'une constitution monarchique et représentative, apprenne à leurs peuples à se connaître, et que leurs successeurs, imitant leurs nobles traces, cherchent aussi leur véritable grandeur dans l'amour de leurs sujets fidèles, mais éclairés.

C'est dans ces vues grandes, bienfaisantes et honorables que Votre Majesté va commencer un règne entravé par des circonstances inconnues dans l'histoire des siècles passés ; mais vos sentimens généreux, Sire, pénétreront le cœur de vos sujets. Ils sentiront de nouveau cet amour de la patrie qui rend les sacrifices faciles, et qui, depuis tant d'années, n'était plus que l'attrait d'une fausse gloire. — Les hommes d'honneur, qui sacrifiaient si noblement leur sang pour la France, sentiront qu'il est temps de la servir par de la constance et de la résignation ; et en connaissant pour eux les intentions paternelles de Votre Majesté, ils calculeront la récompense de leurs services moins au nombre de leurs blessures qu'au sentiment des malheurs de la France. — Les représentans de la nation, animés du même esprit, ne voudront plus d'un salaire que la patrie réclame pour ses généreux défenseurs. Le commerce, rassuré sur l'avenir, s'offrira de lui-même à soutenir un Gouvernement juste qui veut réellement sa prospérité ; et les propriétaires, rassurés sur leur fortune, verront dans les avances qu'ils feraient à l'État, moins encore une marque d'amour et de dévoûment à votre auguste personne, que le gage de la sécurité d'un Gouvernement qui donne à la propriété foncière une valeur haute et désormais invariable, et qui rend à chacun l'espoir d'une paix solide et de la prospérité de la France.

FIN.

Imprimerie de J. MORONVAL, rue des Prêtres-S.-Severin, n.º 4, et quai des Augustins.

www.ingramcontent.com/pod-product-compliance
Lightning Source LLC
LaVergne TN
LVHW051136060726
842526LV00006B/2086